Un Sillon Catholique

ESSAI D'UNE DÉFINITION

« Je tâche, au sillon que je creuse,
De semer encore vaillamment
Une récolte généreuse
De grain choisi, de pur froment. »

BIBLIOGRAPHIE

Une Journée d'Études pendant la Guerre

(14 mars 1915)

Prix : **0 fr. 15**. — Franco : **0 fr. 20**

Une Figure représentative d'un Sillon Catholique :
Lucien BAUDOUIN

Prix : 0 fr. 60. — Franco : 0 fr. 75.

UN SILLON CATHOLIQUE

Un Sillon Catholique

ESSAI D'UNE DÉFINITION

« Je tâche, au sillon que je creuse
De semer encore vaillamment
Une récolte généreuse
De grain choisi, de pur froment. »

PRÉFACE

Avant que de se définir exactement, de se caractériser nettement, de se situer avantageusement parmi les agents de valeur du renouveau moral et religieux, tout groupement d'affinités et d'énergies spirituelles nouveau, que la Providence suscite au sein d'une société, subit une épreuve aussi nécessaire que bienfaisante d'obscurs tâtonnements, d'essais indécis, d'expériences coûteuses, de laborieux et douloureux enfantements.

Aussi bien, avant de posséder son champ d'action propre, avant de se voir lancé dans la voie d'une expansion conquérante, avant de revendiquer sa place parmi les forces morales utiles et qui comptent, plus d'une condition s'impose à ce groupement.

Il faut que les points de vue directeurs se dégagent complètement des suggestions de l'imagination, féconde en rêves chimériques et en illusions fâcheuses, ainsi que de l'alliage de théories suspectes, sophistiquées, dénoncées hasardeuses, sans racine dans la foi traditionnelle;

Il faut que les idées maîtresses éprouvent leur justesse, leur solidité, leur valeur d'opportunité au choc répété de la contradiction loyale d'esprits sérieux, et qu'elles reçoivent la consécration des autorités compétentes;

Il faut qu'elles fournissent leurs preuves de vitalité, de fécondité, de pouvoir éducateur et transformateur dans les consciences où elles ont pris racine ; bref, il faut que la doctrine, inspiratrice et directrice de l'action se soit élaborée, élucidée, approfondie, consolidée au fil de longues heures de réflexions communes, laborieuses et patientes au cercle d'études, sous la direction de guides sûrs qui apportent, à une jeunesse inexpérimentée et impa-

tiente d'aboutir et de créer, l'expérience, la prudence, la mesure, le désintéressement dans la recherche de la Vérité et l'humble docilité à la lumière reçue.

Ce n'est pas assez encore. Il faut que l'idée enracinée devienne comme le sang, la vie de l'âme, le souffle puissant qui passe sur toute idée nouvelle suggérée par les lectures ou les conversations, idée qui manquerait de consistance, ou serait entachée d'erreur, pour la purifier ou l'emporter comme un fétu de paille et balayer incessamment l'atmosphère intellectuelle.

Il faut que l'idée, devenue « l'idéal », détermine, soutienne, active, intensifie la ferveur du zèle à se modeler soi-même sur l'idéal qui vous possède et à le faire connaître, estimer, aimer, traduire en vie par toute âme de bonne volonté qu'on a rapprochée de la sienne comme d'un foyer de lumière et d'action, dont le Christ est le feu divin.

Il faut que prédomine et ne cesse d'agir, dans l'âme conquise par l'idée, la préoccupation de multiplier dans chaque milieu accessible à son influence, familial, professionnel, social, paroissial, les unités d'élite qui puisent à la même source de pensées, de sentiments et de déterminations.

Unité d'élite ? groupement d'élite ? qu'est-ce à dire ? n'est-il pas présomptueux et vain d'oser se l'attribuer ? Non, si j'entends le commandement du Maître « Soyez parfaits comme votre Père céleste est parfait ».

Extraire de sa qualité d'homme toutes les possibilités de perfectionnement qu'elle contient ; l'enrichir par surcroît des virtualités que communique la vie de l'Esprit-Saint en soi, par la grâce des sacrements et la vertu de la parole divine ; mettre toute cette richesse humaine et chrétienne au service de son pays pour l'élever, lui aussi, dans cette montée vers plus de sincérité, vers plus d'intégrité morale, vers plus de justice, vers plus de charité, vers plus de religion; mêler le ferment surnaturel et divin aux aspirations démocratiques qui travaillent ce pays au point actuel de son évolution; voilà l'effort de perfectionnement proposé et le Christ ne lui assigne d'autre limite que la perfection même du Père céleste !

On conçoit, dès lors, qu'un mouvement d'idées et d'action morale et civique, pour prendre son essor, ait besoin de se replier longuement, silencieusement sur lui-même, de se laisser couler dans le moule du travail austère, de l'expérience et de l'épreuve, de recevoir la triple consécration de la retraite laborieuse, de l'essai probant, de l'autorité hiérarchique. A cette loi générale le Sillon Catholique ne pouvait être soustrait. Ceux qui furent les témoins et les acteurs du Sillon d'avant août 1910, savent, pour en avoir souffert, la brisure opérée par la lettre de Pie X.

Au Sillon primitif, devenu en peu d'années national, et qui couvrait de son nom des activités diverses et multiples dans le rayonnement et sous l'impulsion d'une même âme, succédait, de par l'autorité de Pie X, le Sillon Catholique diocésain qui limitait son action à l'œuvre sillonniste initiale des Cercles d'études.

Un arrêt subit, dans un mouvement qui se déploie avec une force d'expansion irrésistible, ne va pas sans causer des secousses et des perturbations profondes.

Tandis que l'action militante politique se poursuivait, avec des formations nouvelles et des instruments adaptés, il en fut tout autrement du Sillon Catholique.

Il lui fallut quelque temps pour se ressaisir, se reconstituer, réorganiser le travail ancien à la lumière des directions pontificales.

Ce fut l'honneur du Cercle Jeanne d'Arc d'avoir, sans tarder, continué avec foi en l'avenir le travail utile qui avait déjà fourni les résultats les plus méritoires et les plus consolants.

Peu à peu les « Journées sillonnistes » reprises par le Cercle Jeanne d'Arc attirèrent et rallièrent les camarades hésitants, flottants, incapables encore de discerner leur route.

Bientôt par une disposition manifeste de la Providence, les organes vitaux du Sillon, en tant qu'initiateur et promoteur des Cercles d'études, se reconstituèrent, réalisérent la remise au point des idées et de l'action sillonnistes.

Après six ans de recueillement, l'heure est donc venue pour le Sillon Catholique de se définir, de se caractériser, de se situer, de revendiquer sa part de travail utile et opportune, dans le vaste champ de l'apostolat, de faire se découvrir, dans les milieux jeunes, les affinités, de recréer des amitiés génératrices de sanctifiant et austère labeur et de vives émulations pour le service de la Cause. (Entendez : la réconciliation du peuple de France avec le Christ, à qui se doivent ses plus beaux gestes passés).

Un bon nombre de « sillonnistes catholiques », chevilles ouvrières des Cercles détudes, sont sous les armes ou comptent parmi les héros glorieusement tombés.

Dieu merci ! il reste un témoin et un acteur très qualifié pour dépouiller la conscience sillonniste au point de l'évolution actuelle du Sillon Catholique.

Robert Pigelet n'est un inconnu pour aucun de nos Cercles parisiens ; sa plume, sa parole, aussi active l'une que l'autre, sa présence multipliée dans les groupes sillonnistes le désignaient pour dire loyalement ce que c'est au juste que le Sillon Catholique, à ceux qui l'ignorent ou le méconnaissent, ou se défient de lui ou le discutent.

Bien plus, des soudures de paragraphes le décèlent au lecteur attentif, le signataire de la présente étude eu souci d'appuyer le crédit de sa thèse à une collaboration désirée, agréée, ratifiée par Son Eminence le Cardinal, abandonnant à celle-ci la teneur du texte pour y faire, dans toute la mesure jugée utile ou opportune, la mise au point la plus exacte et la plus désirable des idées et des formules.

Et maintenant que je me suis acquitté de l'agréable devoir de présenter le témoin et d'authentiquer son témoignage, qu'il me soit permis de solliciter de ceux qui liront ces pages avec quelque sympathie, un acte de confiance.

Quelle sera la tâche sillonniste de demain quand l'horrible cauchemar de sang et de larmes, de ruines et de détresses accumulées se sera dissipé, et que la charrue refera de nouveaux sillons pour de nouvelles semailles dans le champ dévasté de la France, c'est le secret de Dieu?

Mais ce qui d'ores et déjà ne fait aucun doute, c'est que le « Sillon Catholique », tel que le définit le présent travail, veut être, aux mains des chefs désignés par Jésus-Christ au sein de son Eglise, un instrument souple et docile, un ouvrier désintéressé et acharné dans l'œuvre immense de régénération morale et de réorganisation de la vie nationale.

Le Sillon Catholique a reçu sa mission du Souverain Pontife. Son Eminence, le Cardinal Archevêque de Paris l'a consacrée et bénie. Cette investiture et cette bénédiction suffiront à soutenir l'effort et à féconder l'apostolat des Sillonnistes catholiques et, s'il en était besoin encore, à dissiper les préventions et les suspicions.

L'auteur de la brochure s'est chargé du reste de bien préciser la position prise par le Sillon Catholique, vis-à-vis des autorités religieuses. Christianiser le peuple, renverser la muraille de préjugés, de préventions, de défiance que le travail sournois et continu des loges a dressée entre les prêtres et la masse, faire l'éducation chrétienne pour ainsi dire d'âme à âme, c'est le premier objet de sa constante sollicitude.

Comment, du reste, espérer ni pacification sociale, ni assainissement moral, ni viabilité d'une démocratie qui a pour fondement nécessaire le sacrifice des intérêts particuliers à l'intérêt général, si premièrement Dieu ne reprend sa place et ne recouvre ses droits, si la coalition des puissances de ténèbres et de désordre n'est brisée, si la France enfin ne se dégage de l'emprise malfaisante des semeurs d'anarchie et de haine?

En vérité, ce n'est pas trop de toutes les bonnes volontés, d'où qu'elles viennent, pour une œuvre d'une importance aussi grave. Le Sillon Catholique souhaite apporter à ce travail son humble effort et son entier dévouement.

Abbé SCHMITT.

UN SILLON CATHOLIQUE

Ce n'est pas sans quelque appréhension que nous nous sommes mis à l'œuvre pour écrire cette étude.

Nos amis multiplient les sympathies et affermissent la confiance autour du *Sillon catholique* du diocèse de Paris.

Mais en même temps que les idées et l'action qui en procède montent peu à peu au jour subsiste un point d'interrogation : Qui êtes-vous, au juste ?

Point d'interrogation, chargé d'inquiétudes et de réserve chez les uns, pour qui le nom de *Sillon catholique*, bien que légitimé, puisque situé nettement sur le terrain même où Pie X l'a placé et où l'autorité diocésaine l'a consacré, ne cesse d'apparaître une survivance suspecte des idées et des tendances que condamne le Pontife suprême ;

Point d'interrogation, chargé de sympathies et de confiance chez les autres, qui nous ont déjà entendus et vus à l'œuvre, mais qui tâchent à se définir notre esprit et notre programme et réclament que nous les y aidions ;

Point d'interrogation, trop légitime chez les plus jeunes, qui ignorant tout du passé et du présent attendent que nous écrivions à leur intention un abrégé substantiel et précis des idées, des initiatives, des actions engagées, auxquelles les ont déjà initiées les causeries du Cercle d'études.

Mais n'est-il pas opportun d'attendre le retour des jours de paix pour y répondre ? et d'ailleurs l'importance des idées à présenter et les souvenirs même qu'elles évoquent n'exigeraient-elles pas une plume plus experte que la nôtre et une signature de quelque notoriété ?

Tout bien examiné et sous la pression de nos amis,

nous avons cru qu'il était de notre devoir de dire de suite simplement, loyalement, sans ostentation et sans éclat ce que nous étions et ce que nous nous proposions.

I

UNE ÉVOLUTION

On se rappelle les directions précises que Sa Sainteté Pie X a publiquement et solennellement formulées et les conditions qu'Elle a prescrites à l'œuvre de l'Education populaire.

Dans sa lettre à l'Episcopat français du 25 août 1910 sur le *Sillon*, Pie X a condamné des idées et des tendances, dénoncées suspectes et pernicieuses pour la foi et la discipline catholiques.

Dieu nous garde de revenir sur les controverses qui ont précédé ce grave document du magistère suprême. Rome a parlé : les chefs du *Sillon* ont obéi à sa voix. Les événements d'hier appartiennent désormais à l'histoire. Nous parlerons donc beaucoup plus du présent que du passé et si nous sommes amenés à évoquer celui-ci, ce n'est que pour autant qu'il est utile de marquer les rapports du présent avec le passé.

Le grain tombe en terre.

A la vérité, ne fallait-il pas que le Sillon traversât une épreuve exceptionnelle, afin que la pureté de ses intentions, sa loyauté, son catholicisme foncier apparussent à tous les yeux.

Il possédait et le nombre, et la qualité et l'influence. Il atteignit vite la notoriété. Les sillonnistes avaient du courage et faisaient preuve d'audace. Ils prenaient la parole dans les réunions publiques, ils montaient aux tribunes des bourses du travail et — chose jusqu'alors inconnue — ils assuraient eux-mêmes, jusque sur la voie publique, la vente de leurs journaux.

Le *Sillon* avait proposé des solutions aux graves problèmes sociaux du jour ; il avait élaboré une définition particulière de la démocratie. Il exposait une doctrine intéressante : à savoir que le point de vue démocratique et le point de vue religieux ne se contredisent pas nécessairement ; qu'il n'existe pas, entre eux, une opposition de principes. Et les sillonnistes s'efforçaient de répandre leurs conceptions sociales, qu'ils opposaient aux doctrines démagogiques et anticléricales.

Le terrain sur lequel s'engageait le Sillon était brûlant. L'idée démocratique soulevait de vives polémiques dans certains milieux catholiques. On ne pouvait lui faire grief de vouloir rapprocher de l'Eglise le peuple de France

Mais, dans le langage des sillonnistes, on notait des imprécisions, des équivoques ; on censurait les tentatives amorcées d'une entente avec les non-catholiques sur le terrain de l'action économique et sociale ; on déplorait enfin l'évasion croissante du *Sillon* des cadres de son action initiale.

Bon nombre, parmi les amis du Sillon, regrettaient les actions nouvelles qui étaient engagées dans les domaines élargis de la vie sociale et économique, politique et électorale, car elles entraînaient, après elles, d'interminables et irritantes polémiques. L'âpre contradiction, loin d'apporter la lumière, enfièvre les âmes et brouille les idées. Sous l'aiguillon de l'adversaire qui insiste, l'esprit se cabre, la pensée s'exaspère, l'idée perd sa mesure.

En matière sociale et politique, les sillonnistes pouvaient avoir des opinions particulières et personnelles et en préparer la réalisation. Mais l'œuvre première du *Sillon*, toute d'éducation, de formation morale et religieuse, semblait céder le pas aux œuvres contingentes. Aux yeux de bien des personnes, le *Sillon*, groupement de cercles d'études, était devenu uniquement une école sociale et un parti politique. Il avait quitté les calmes discussions du *Portique* pour les tumultueuses controverses de l'*Agora*.

Le Pape intervint. Il rappela les principes qu'il est

nécessaire d'avoir présents à l'esprit, et sans lesquels toute action politique et sociale perdrait de son efficacité.

Il n'entrait pas dans la pensée du Pape d'interdire à Marc Sangnier et à ses amis toute action politique ou économique ; mais il voulut qu'elle « s'épurât de tout ce qui ne serait pas entièrement conforme, en cette matière, à la doctrine de l'Eglise » et surtout qu'elle fût distinguée et séparée de l'œuvre propre des cercles d'études.

A la demande de Pie X, Marc Sangnier, l'inspirateur et le chef du Sillon, se retira : il laissa son œuvre à la paternelle direction de la hiérarchie sacrée. Dans son attitude et dans ses paroles, aucune hésitation n'apparut. Le président du Sillon donna un bel exemple de renonciation et de sacrifice, il dévoila, d'un seul coup, toute l'intégrité de sa foi et toute la générosité de son cœur.

Les rangs sillonnistes étaient rompus. Comment allaient s'organiser les formations nouvelles ?

Beaucoup de sillonnistes avaient dépassé l'âge de la majorité. Certains étaient engagés dans des œuvres sociales et politiques. D'autres apportaient un concours assidu à des patronages. Bon nombre enfin, étant mariés, allaient se consacrer à leurs devoirs familiaux.

Au surplus, les circonstances n'étaient pas favorables partout dans les diocèses de France, à la création d'un *Sillon Catholique.* Des groupes, après s'être constitués sous cette dénomination, ne crurent pas devoir persister, et plusieurs entrèrent dans les cadres de l' « Association Catholique de la Jeunesse Française ».

D'une manière générale, chacun continua l'action particulière dans laquelle il était engagé. Mais, à Paris, la transformation normale, logique et nécessaire du « Sillon » en « Sillon Catholique », s'accomplit sans heurt, ni retard. Dans chaque paroisse, les cercles vinrent se placer sous la direction de Messieurs les curés qui reçurent, à cet effet, pleins pouvoirs de leur Archevêque. Et les cercles sillonnistes eurent pour aumônier, le plus souvent, un vicaire de la paroisse, désigné par le curé.

Eh quoi ! dira-t-on, voilà tout ce qui subsiste du

brillant et fameux essor du Sillon ? Il y eut peut-être à cela, répondrons-nous, une raison providentielle. Il fallait que la dissolution de ce mouvement national apparut avec une pleine évidence. Or, le fait n'est pas contestable : *le Sillon, dans sa forme ancienne, a vécu.* Après le morcellement, la dispersion.

A Paris, avons-nous dit, l'évolution se réalise, un effort soutenu s'engage. Le grain tombe en terre, meurt et renaît : la fécondité du Sillon n'était pas épuisée.

Mutuel appui.

Le concours que nos amis proposèrent aux directeurs des patronages fut apprécié et agréé. Disons la joie que nous éprouvâmes quand nous fûmes présentés à MM. les Curés, d'entendre les paroles de sympathie et d'encouragement qu'ils voulurent bien nous adresser.

Nous avions soin de préciser qu'aucune confusion n'est possible entre le « Sillon Catholique » et les cercles d'études où nous sommes accueillis. Nous nous proposons d'aider le travail des cercles d'études qui existent dans les patronages, mais non de fonder des cercles sillonnistes au sein des patronages. Nous n'exprimons qu'un désir, celui que quelques jeunes gens — bien disposés à notre égard — puissent connaître le « Sillon Catholique », lui apporter leur sympathie, lui donner, même, l'adhésion de leur cœur.

Les directeurs d'œuvres virent, tout de suite, que les jeunes gens ne risquaient pas d'être soustraits au patronage par le *Sillon Catholique.* S'il s'agit, par exemple, de ce sujet que nous traitons avec prédilection : l'apostolat, il est évident que nous indiquerons, à nos camarades, le champ normal où celui-ci doit s'exercer : le patronage. Notre seul désir est donc de soutenir et d'amplifier — dans le patronage — leur zèle et leur esprit d'apostolat. Par conséquent, ces œuvres et le Sillon Catholique se prêteront un mutuel appui.

On nous permettra de passer sur notre labeur ; il dure

depuis cinq ans. Nous avons fait l'essai loyal de la collaboration possible des œuvres paroissiales et du Sillon Catholique.

Groupement diocésain.

En même temps que se nouait le lien utile de cette franche collaboration, la forme du *Sillon Catholique* se dessinait.

Les membres des cercles d'études se rencontraient, de loin en loin, soit au Cercle Jeanne d'Arc, soit en d'intimes banquets , soit à des journées de retraite, dites journées sillonnistes. Et l'on s'aperçut bientôt — c'était dans l'ordre — qu'il n'existait pas, dans le diocèse, des cercles séparés, des « *Sillons Catholiques* », comme on disait alors, mais, en fait, un seul groupement, un *Sillon Catholique*. Et comment s'en étonner ? Jamais il n'avait été question de tendre à une fédération de groupes. Des âmes se cherchaient, elles se rejoignirent et un nom unique désigna la rencontre

Le *Sillon Catholique* réalisait donc une jonction d'âmes. Son caractère apparaissait. Il était un groupement inspirateur d'idées et générateur d'action, un mouvement au large et souple ressort. Cela — nous tenons encore à le dire — ne portait aucune atteinte au contrôle effectif et à la direction exercée par les aumôniers des cercles d'études.

Voici donc délimité le domaine sillonniste actuel. Nous allons y retrouver les principes inspirateurs du *Sillon*, sa pensée initiale, son esprit d'apostolat, tels que Pie X les avait loués « élevant parmi les classes ouvrières l'étendard de Jésus-Christ, alimentant son activité sociale aux sources de la grâce, imposant le respect de la religion aux milieux les moins favorables, habituant les ignorants et les impies à entendre parler de Dieu... »

II

UN ESSAI DE DÉFINITION

Ce n'est pas toujours chose aisée que de différencier nettement de toute autre, par ses traits originaux et spécifiquement caractéristiques, une collectivité d'âmes, étroitement liées entre elles par un idéal commun. De tout groupement compact, solidement constitué et doué d'une vitalité puissante il se dégage ce que nous nous plaisons à appeler « l'âme commune ». Et le *Sillon* à l'origine donnait de lui-même cette définition : *une amitié, une âme commune.*

Si donc nous osons y insister, la raison en est que les nouvelles recrues se sont trouvées pour la plupart, sinon toutes, retenues parmi nous par cette amitié très prenante qui, dès les premiers contacts, faisait sentir sa forte et bienfaisante emprise et par ce quelque chose de malaisé à enfermer dans une formule que nous désigniions par l'expression d'âme commune. Nous ne saurions oublier nous-mêmes l'émotion dont nous avons tressailli quand, pour la première fois, nous en avons goûté la réalité dans l'intimité et la simplicité de nos premières causeries au Cercle d'études sillonniste.

On nous permettra donc de souligner ce trait dans cet essai de définition. Cela importe d'autant plus que nous repoussons, quant à nous, la conception d'un Cercle d'études qui ne serait « qu'une coopérative intellectuelle ».

L'amitié va au-delà ; elle conduit à associer des énergies pour l'action par l'unanimité des dispositions.

Dans cette unanimité, on distinguera une concordance de tempérament et de communes aspirations sociales; mais on y verra, dessus tout, le rayonnement d'une foi religieuse qui s'empare de nos pensées, anime tous nos actes, soulève notre vie.

Cet accord parfait des âmes favorise les plus précieux échanges du cœur, la plus pure et la plus vraie des amitiés, celle qui prend naissance dans le cœur même de Notre-Seigneur Jésus-Christ, celle qui scella l'unité, dans une fraternelle charité, des premières Communautés chrétiennes.

Expliquer le Sillon Catholique revient donc à exprimer toute la signification que prennent, pour nous sillonnistes, les termes suivants, à en dégager l'harmonieuse synthèse :

Le *Sillon Catholique* est une *âme commune.*

Elle se dégage de la vie religieuse des sillonnistes que chaque jour approfondit. Elle résulte de leur *christianisme vécu* et de leur *catholicisme raisonné.*

La pensée religieuse du *Sillon* s'allie à une *méthode de travail* qu'elle soutient.

Mais un travail acquiert une valeur plus grande s'il est réalisé d'une manière personnelle. Nous ajouterons : méthode appuyée à un *tempérament particulier.*

Cette pensée religieuse, cette méthode, ce tempérament aboutissent nécessairement à une action. Nouvel aspect de l'âme commune : *Un esprit d'apostolat.*

Le rayonnement de cet esprit peut se diffuser, croyons-nous, au sein des diverses couches sociales, ce qui implique, dans cet ordre d'action, certaines tendances. Si nous énonçons ce terme : *tendances sociales,* nous aurons achevé de montrer et de définir l'AME COMMUNE.

III

« AME COMMUNE »

Sa Constatation.

Qu'on veuille bien le croire, cette expresion : âme commune, est autre chose qu'une fiction poétique, procédant plus ou moins d'un pseudo- mysticisme. Elle constitue une tangible réalité et l'esprit chrétien qu'elle décèle est de bon aloi.

Par ailleurs, nous tenons à le redire, nous n'avons

garde de dénier à d'autres groupements le droit de proclamer la richesse de leur âme commune, génératrice d'harmonieuse convergence des esprits et des vouloirs individuelles en même temps que d'amitiés fortes et fécondes.

Nous voudrions seulement montrer comment cette âme commune constitue, au sein de notre modeste groupement, la cellule organique d'où dérive tout le processus de sa vie.

Nos réunions sont diverses. Or, que nos camarades se retrouvent à la séance du petit cercle d'études ou dans l'assemblée nombreuse qui se propose de mettre en relations les jeunes gens de différents cercles ; que la rencontre ait lieu au sein du recueillement nocturne de la basilique du Sacré-Cœur, ou aux journées sillonnistes de prières et d'études à Antony, la communauté des mêmes pensées et des mêmes vouloirs s'établit, les mêmes aspirations et les mêmes enthousiasmes font vibrer les âmes, elles n'en forment plus qu'une.

Mais, parmi ces jeunes gens, il en est qui ne furent de nos camarades que quelques semaines, certaines fois qu'un jour, peut-être même qu'une heure. Ils ont été enveloppés par l'atmosphère sillonniste, entraînés durant un moment. Puis, réflexion faite, ils n'ont pas cru devoir poursuivre.

La liberté de tous ceux qui viennent à nous reste intacte. Il importe essentiellement qu'un accord complet entre nous se maintienne. S'il en est qui ne demeurent pas à l'unisson des autres, ils sont amenés à le constater et, d'eux-mêmes, ils s'éloignent.

Lien flexible que celui de l'âme commune, mais combien fort et résistant.

Dans ce flot d'inconnus où la vie nous plonge, on trouve parfois une sympathie, un cœur qui s'ouvre. Heureuse rencontre, mais rencontre d'un jour. Les routes se sont rejointes pour se croiser. Elles conduisaient à des buts particuliers différents.

D'autres fois, l'étincelle allumée s'amplifie, la sympathie devient une amitié, les paroles échangées ont trouvé de soudaines et profondes résonances. Ces paroles les voici résumées à peu près :

« Je veux faire du Christ le Maître qui dirigera ma vie. Je serai, de l'Eglise, l'enfant fidèle et dévoué et, de la vérité évangélique, le courageux témoin. Comme toi, enfin, je serai le prisme qui recevra la lumière divine pour la réfléchir dans les âmes... »

... Qui oserait soutenir que l'âme commune n'existe pas ? Nous en appelons au témoignage de tous ceux — et ils sont assez nombreux — pour qui la rencontre du *Sillon* fut l'occasion providentielle d'une transformation de toute la conduite, d'une conversion décisive.

Une Elite.

Les faveurs de l'opinion, le plus souvent, vont aux groupes nombreux. On juge de l'importance d'une œuvre par le nombre de ses membres et l'on n'a pas toujours tort. Il est nécessaire, par exemple, qu'une mutualité constitue un certain chiffre d'adhérents. Sa raison immédiate étant de verser des indemnités, elle a besoin de cotisants. Egalement un syndicat. Plus il comptera de membres, plus ses avis auront de poids, notamment dans la balance des commissions parlementaires, au moment de la préparation des lois sociales ; plus aussi, il interviendra efficacement auprès des patrons, dans les discussions ouvertes entre employeurs et employés.

Tout groupement — en règle générale — cherche le nombre : le Sillon Catholique ne s'en préoccupe pas. Il n'aspire qu'à être un propagateur d'idées, un semeur d'idéal. Si Dieu le permet, il deviendra le levain, il sera l'élite qui travaille la masse où plonge son activité.

Du nombre, il n'a donc pas besoin. Il cherche des âmes d'une qualité supérieure, des esprits que rien ne lasse, des volontés que rien n'épuise. La pensée qui détermine le sillonniste est grave. Il s'agit — et rien dans ces termes n'est exagéré — de « donner sa vie à la Cause », expression synthétique qui signifie ceci : tout ramener, tout subordonner, tout sacrifier à la préoccupation *première* et incessante d'établir le Règne de Jésus-Christ sur sa personne et dans sa conduite et, par voie de conséquence, de travailler « à la régénération chrétienne et catholique du peuple en même temps qu'à l'amélioration de son sort ».

Mais que l'on se rassure, nous n'avons jamais eu la pensée de former une congrégation. Nos amis ont — chacun — leur place dans le monde et une profession sociale. Aucun d'eux ne songe à négliger ses devoirs d'état, seulement une autre tâche s'indique à leurs yeux. Ils sont résolus à propager, sur tous les plans de la vie nationale, l'influence du catholicisme, chacun agissant dans son milieu. A côté de la vie professionnelle et de la vie familiale, il est une marge qu'on ne doit pas laisser blanche : l'apostolat nimbe la vie du sillonniste.

Le sillonniste veut être le bon employé et le bon collègue ; à chaque instant du jour : *le vrai chrétien.* Les occasions sont nombreuses de dire le mot juste, la parole qui s'impose et qui reste.

Le sillonniste est ce père de famille qui réserve une partie de son temps à une ou plusieurs œuvres de choix : cercle d'études, groupement professionnel... Sa femme et ses enfants se privent quelquefois de sa présence. L'épouse, certains soirs, s'attarde au travail, poursuivant la veillée. Mais elle n'est pas triste, et elle n'est pas seule. Sa pensée s'en va où il se trouve comme pour y soutenir le travail qu'il y réalise.

... Nous ne cherchons pas le nombre. C'est le plus souvent un à un que nos camarades se révèlent. En ces termes, nous nous adressons à eux :

« Regarde, écoute, réfléchis. Participe à la vie et au travail de nos cercles d'études. Lis notre feuille, très petite, mais très originale et très aimée : *L'Aube Nouvelle.* Essaye-toi à l'apostolat. »

Nous demandons, tout de suite, un peu de générosité : C'est la première et bien facile épreuve que subissent nos nouveaux camarades.

Fusion.

A notre époque, dont l'esprit reste encore individua-
liste, cette conception de l'âme commune risque d'être
peu comprise.

Mais il suffit de lire l'Evangile pour admettre la possibilité d'une aussi parfaite compénétration. La fusion
des âmes est le fait du christianisme.

Le Christ veut se mêler à notre vie et la rendre ressem-
blante à la sienne : mystérieuse transformation, miracle
d'amour qui soulevaient d'enthousiasme l'âme de saint
Paul et lui arrachait cette parole ardente: « C'est Jésus-
Christ qui vit en moi! » Mais l'union à Dieu ne se réalise pas sans un intermédiaire : pour être cimentée, elle
exige la main du prochain. C'est en suivant et en aimant
son frère qu'on atteint Jésus-Christ : « Ce que vous fe-
rez au plus petit d'entre eux, c'est à moi-même que vous
l'aurez fait. »

La plus grande pauvreté n'est pas la pénurie d'argent,
mais l'indigence toujours possible de nos vertus et la
faiblesse de notre cœur. Pour en soulager des misères,
rapprochons-nous donc les uns des autres, entraidons-
nous jusqu'à rendre — s'il est possible — nos vies in-
séparables, tellement elles se seront enrichies mutuellement, par le divin que la grâce y dépose. De l'âme commune, la justification est facile.

Mais il existe encore un motif d'objection : le mélange
qui s'opère dans le Sillon Catholique, des éléments les
plus divers, répétons le mot, plus exact, de fusion : après
la fusion des âmes, celle des esprits.

Nos rangs, en effet, sont ouverts largement. Chez nous,
le franc-parler de l'ouvrier s'unit au langage de « l'intellectuel » : les deux s'harmonisent, s'inspirant du même
idéal.

Chacun possède sa personnalité, dira l'objection. Il
serait sage de la cultiver à part. N'est-ce pas la condition
de son développpement ? On risque d'amoindrir ses qualités propres, d'atténuer ses traits personnels et distinc-
itfs, en se mélangeant à un milieu différent.

Ne voit-on pas celui-là qui aime la littérature se mettre

à rédiger les procès-verbaux d'un cercle d'études ! La répétition de cet exercice aura vite émousser la finesse de son style.

Et celui-ci qui se plaît dans les hautes spéculations, dans les études philosophqiues ou religieuses. Est - ce à lui de descendre jusqu'aux simples conseils de morale pratique qu'il faut donner aux jeunes gens des cercles d'études ?

S'agit-il du jeune ouvrier ? La chose est toute simple. Le perfectionnement de son métier suffit amplement à absorber sa pensée et son activité. Qu'il devienne bon et excellent professionnel : la société ne lui en demande pas davantage. Pourquoi lui charger l'esprit d'un « tas » de questions auxquelles il ne comprend rien. Lui parler de fraternité ? L'intention est louable. Mais n'est-ce pas se substituer au prêtre, dont la mission est de lui en rappeler le principe, à l'église.

De l'autre extrémité de l'horizon, un écho nous arrive : le son des mêmes paroles.

« L'ouvrier prend un rôle de dupe, dit le syndicaliste révolutionnaire, là où il ne défend pas ses intérêts de classe, avec ses camarades ouvriers ! »

On ne sollicite jamais trop les âmes de se dégager de tout ce qui, artificiellement, les sépare. Elles peuvent se rapprocher sans briser, pour cela, les hiérarchies sociales nécessaires, ni compromettre l'autorité que confèrent l'âge, le savoir, la vertu, le caractère de la fonction, reconnus aux dirigeants naturels du groupe. Il existe un patrimoine commun que Dieu nous confie. Il y germe le désintéressement, le souci du bien de tous, la bienveillance et l'amitié. C'est le royaume de Dieu où règne la sainte égalité des âmes. Il est donc possible d'établir, entre soi, un lien autre que celui de l'intérêt, celui de la profession, celui de l'éducation même.

Mais nous allons constater, immédiatement, un des bienfaits de l'âme commune.

IV

« CHRISTIANISME VÉCU »

Le christianisme, par la logique de son développement dans le catholicisme est tout autre chose qu'un système philosophique. Il prend plus que la pensée. Il pénètre la vie tout entière.

Le prêtre ne fait pas qu'enseigner, il dispense la grâce, il donne les sacrements : il célèbre la messe. Et Jésus-Christ se substitue à lui. Comme il est facile d'apercevoir le Christ, à travers l'Eglise !

Mais, bien souvent, nous nous y refusons, aveuglés que nous sommes par notre égoïsme, et détourné par les faux calculs de nos restrictions morales.

Le chrétien doit vivre, il doit vivre de Dieu. Donc, réalisons l'œuvre préliminaire, retranchons de notre vie ce qui déplaît à Dieu : émondons notre esprit et notre cœur, coupons le bois mort et les branches inutiles.

Mais, s'il est des opérations énergiques et immédiates, il en est d'autres qui exigent une main patiente et douce, au moment des crises qui accompagnent la croissance de l'âme et qui affectent, au même instant, l'esprit, le cœur et les sens.

Qui pourrait dire tout le bien que réalise alors l'air salubre d'une bonne ambiance morale, l'amitié qui vient s'offrir, la parole ferme et affectueuse qui dissipe les ombres du cœur. A certaines heures, il est décisif de n'être pas seul.

Nous avons eu la joie de suivre les transformations qui se sont opérées dans des âmes d'enfants et de jeunes gens dont, certes, nous ne nous étions pas improvisés le directeur de conscience — trop préoccupé que nous étions de demeurer dans les limites du rôle que la Providence nous a fixées — mais à qui nous avions proposé dans sa simplicité, sa beauté et son attirance, l'idéal catholique.

Jésus-Christ, à l'instant précis où l'âme brise, résolument et joyeusement, avec les attaches trop exclusives des affections humaines, pénètre en nous et s'y établit. Dès lors, il anime notre vie pleinement. L'âme, qui s'est émondée, surabonde de sève divine. On peut dire qu'elle se trouve dans un état d'aimantation, car le fluide divin passe à travers elle et Dieu, par elle, agit sur les âmes.

Voici donc quelle est notre première et sérieuse préoccupation : conduire nos camarades à posséder l'état de grâce et à considérer Jésus comme devant être — à la lettre — l'inspirateur, le soutien, le guide de leurs pensées, de leurs désirs et de leurs actes.

V

« CATHOLICISME RAISONNÉ »

Quelques idées générales.

L'acte de foi, très humble, très amoureux et très confiant est aussi un acte de raison.

Ceux-là l'ont oublié qui ont cru ébranler et ruiner l'Eglise au nom de la science, de la raison et de la pensée libre. L'Eglise, qu'aucune entreprise ne surprend, est restée debout. Mais l'objection oblige le chrétien à répondre. Il doit se convaincre, pour convaincre les autres, de l'accord qui harmonise, rapproche intimement, la raison et la foi ; et — comme nous le constaterons bientôt — de l'adaptation parfaitement réalisable de l'Eglise à l'état social et politique actuel.

Ce travail, qui met tant de lumière dans l'esprit et tant de joie au cœur, n'est pas toujours possible à nos camarades ouvriers et employés. Le labeur professionnel a ses exigences impérieuses, et rares sont les instants qu'il laisse à l'étude. Vont-ils donc se limiter à l'acte de foi pur et simple ? Leur piété n'en exigerait pas davantage. Mais on ne peut s'abstraire de son milieu, et, fréquemment, notre entourage nous discute. Les principes que, sans hésiter, nous recevons de l'Eglise, sont battus par la controverse. Il faut répondre. Cherchons donc la base rationnelle où les appuyer, et tâchons de la constituer dans le minimum de temps, que nous pouvons distraire, aux exigences de la vie.

Le moyen — croyons-nous — est de lier, dans notre esprit, quelques idées générales, simples, claires, convaincantes. Exerçons-nous à les analyser et à en retenir les éléments essentiels.

Supposons que cette objection ait été énoncée : Depuis dix-neuf siècles que le christianisme existe, il semble n'avoir que peu changé l'homme. L'humanité ne souffre-t-elle pas toujours des mêmes maux ?

Essayons de trouver la réponse.

Liberté de l'homme — occasion de sa déchéance, mais occasion de son mérite, et, aussi, de sa grandeur. *Péché originel* — ses conséquences dans l'individu, dans la société. Les *principes* du christianisme : Ils rétablissent l'homme dans *l'état surnaturel,* ils se proposent et non s'imposent. Leur *supériorité* sur les autres doctrines philosophiques et religieuses. Quelques *exemples* de l'œuvre du christianisme : condition nouvelle de la femme, du travailleur, etc.

Voilà tout un petit programme de travail, n'est-il pas vrai ? Grâce à lui, on y acquerra un peu de philosophie, de théologie, d'histoire et même de sociologie. On peut restreindre le sujet ou l'étendre. Le directeur du cercle d'études peut faire un rapide exposé de chaque partie du sujet général, ou le confier à un membre du cercle. Le résultat sera atteint si les idées ont été comprises et retenues.

S'agit-il des caractères spécifiques de l'Eglise — société divine ? Enumérons ses titres, en les accompagnant de quelques citations de textes et de quelques faits : le *messie annoncé, Jésus-Christ Dieu, évangiles authentiques, apôtres sincères, Jésus-Christ et l'Eglise.*

S'agit-il du *dogme ?* Une *vérité révélée* qui s'exprime par la bouche autorisée de l'Eglise. Quoi de plus simple ?

S'agit-il de la *foi ?* Un acte qui *aide* la raison et qui la supplée, qui *exhausse* l'esprit. C'est l'échelon qui permet d'atteindre Dieu.

Dangereuse équivoque.

Le catholicisme ne diminue pas plus l'homme qu'il n'entrave le citoyen. L'Eglise respecte, avec soin, la liberté de ses enfants. Elle a devant les yeux, sans cesse, la distinction faite par son Maître : « Rendez à César ce qui est à César et à Dieu ce qui est à Dieu. »

Pie X après Léon XIII le rappelle expressément : « il y a erreur et danger à inféoder, par principe, le catholicisme à une forme de gouvernement » et d'autre part « l'Eglise a toujours laissé aux nations le souci de se donner le gouvernement qu'elles estiment le plus avantageux pour leurs intérêts. »

Le confessionnal donne une direction spirituelle, il n'impose pas de mot d'ordre politique. Le catholique tournera ses préférences vers le régime qui convient le mieux à son éducation, à ses traditions, à son tempérament, à ses idées propres.

Le devoir des enfants de l'Eglise est de briser les équivoques qui se reforment constamment autour d'elle. La monarchie comme la démocratie ne doivent pas prétendre l'accaparer au profit de leurs théories. Il existe, entre ces régimes et l'Eglise, toute la différence qui sépare le naturel du surnaturel. Le surnaturel informe et soutient la nature, l'âme s'allie étroitement au corps. Mais le corps s'use et meurt, tandis que l'âme continue sa course vers le ciel. Les régimes politiques s'usent et meurent parfois ; l'Eglise continue sa marche toujours aussi ferme, vers l'éternité, qui est son but, laissant derrière elle le sillage du bien accompli.

Tout cela est clair. Il faut le comprendre, le croire et loyalement et scrupuleusement, s'en inspirer dans l'élaboration de ses idées, et dans les actions que l'on engage.

Vivre son christianisme, raisonner son catholicisme, assurément, c'est aboutir à l'apostolat. Mais avant de considérer l'action utile vers laquelle nos camarades s'acheminent, étudions la méthode qui les y prépare. Celle-ci vient d'apparaître, à travers le plan d'études religieuses que nous avons tracé rapidement.

VI

« UNE MÉTHODE DE TRAVAIL »

Germination.

Nos camarades, avons-nous dit, ne disposent, en faveur de l'étude, que d'un temps limité. Il leur serait donc difficile, pour ne pas dire impossible, de s'engager dans d'absorbants travaux ou des lectures prolongées. C'est une disposition de l'esprit à comprendre les idées qu'il convient de faire naître, une aptitude à les aimer. Elles méritent qu'on s'y attache.

Trop souvent, on les rejette parce qu'on en méconnaît le charme, et qu'on en ignore la nécessaire substance. L'idée n'est-elle pas comparable à la graine qui, tombant en terre, y développe sa riche synthèse, sa plante superbement agencée, sa fleur qui prépare le fruit. Si notre esprit accueille l'idée, quelle germination inattendue n'y réalisera-t-elle pas ?

Nous l'avons constaté, il suffit, pour faciliter le travail de l'esprit, de simplifier les questions auxquelles on s'applique. Dès que l'on a aperçu le développement logique d'une idée, ses conséquences et ses applications, pour elle, on se passionne bientôt. Peu à peu, on s'habitue — dans ses lectures — à voir les idées principales et à les distinguer des idées accessoires. On les fixe, on les retient, on les possède. Et, bientôt, la matière intellectuelle a perdu le caractère, qu'on lui atttribue, d'être aride et rebutante.

Beaucoup se découragent aux premiers essais de l'étude. Les débuts de gymnastique intellectuelle peuvent être fatigants. Mais, assez vite, on s'y accoutume : l'effort devient facile en se répétant. A notre insu, souvent, notre esprit se meuble et s'enrichit. Les idées s'ajoutent, s'enchaînent les unes aux autres. Autour des principes généraux, se groupent, d'elles-mêmes, les idées secondaires et apparaissent les applications.

Le PÉCHÉ ORIGINEL me fait comprendre les *vicissitudes*

de l'humanité et le vice interne qui risque de ruiner toute *institution sociale*, si le PRINCIPE CHRÉTIEN ne le domine.

Au Cercle d'études·

Le rôle propre du cercle d'études est de soutenir vraiment nos amis, dans la recherche des idées nécessaires· Un esprit normal, une intelligence moyenne, en se développant, est sollicitée, assaillie par d'innombrables questions, qu'on ne doit pas chasser à la façon de mouches importunes. Il faut leur opposer des réponses fermes et les détruire par de fortes raisons, si elles attaquent la foi.

La croissance du corps impose des mets plus substantiels, de même celle de l'esprit· Celui-ci exige qu'on le nourrisse d'aliments de bonne qualité, d'idées sérieuses· Pénétrons au cercle d'études·

En principe, il n'est pas une idée, il n'est pas un fait se rattachant à notre vie personnelle et sociale, intellectuelle, morale et religieuse qui ne doivent être exposée au cercle d'études, une fois ou l'autre· On aperçoit, immédiatement, l'ampleur de son programme de travail·

Mais si simple que paraisse l'établissement de ce programme, puisque la vie même le détermine, il n'en comporte pas moins un effort de réflexion, d'observation, de notation. En quelques mots, nous voudrions dire les différentes occasions qui peuvent se présenter, où l'esprit découvre les voies de l'étude· Un simple coup d'œil, jeté sur la réalité quotidienne, nous les montrera·

Par exemple, la lecture du journal vient arrêter notre pensée sur un fait ou une question qui l'embarrassent : notre jugement reste suspendu· Ou bien, d'une conversation que nous avons eue, une idée nouvelle a germé que nous voulons approfondir· Un obstacle peut-être s'est-il dressé soudain face à notre apostolat : nous avons été contredits, combattus·

Fait plus grave, une angoisse a saisi notre esprit, la vie devient obscure, la foi semble s'éteindre· Epreuve plus inquiétante encore, le cœur souffre et la chair se déchire, sous une discipline morale, devenue trop sévère.

Mais le soir arrive où l'on pourra confier sa pensée et reposer son cœur : on retrouve ses amis au cercle d'études.

Le respect humain et la fausse pudeur sont bannis de nos réunions. Elles prennent, souvent, un caractère tout intime, les âmes s'étant ouvertes les unes aux autres, sous le regard de Dieu. C'est alors que sont dites les réponses attendues. On voit plus clair, et l'on se sépare plus fort. La chaîne monotone de nos journées pourra nous reprendre, elle aura cessé de nous meurtrir.

Nous venons de considérer les divers thèmes de nos études. Pourront-ils jamais produire la lassitude et l'ennui ?

L'importance de cette méthode de travail exigerait, à elle seule une étude spéciale. Elle n'est ici que la partie nécessaire de notre définition, et ne comporte qu'un développement limité. Le peu que nous en avons dit, permettra que nous concluions.

Nous la croyons capable de conduire nos camarades à un effort sérieux, effort, à la fois, intellectuel et moral. Elle doit déterminer un travail personnel, réaliser un développement progressif des qualités et des vertus de chacun. Nous la proposons à tous, mais elle s'adapte, très spécialement, au tempérament sillonniste dont nous allons parler.

VII

« UN TEMPÉRAMENT »

Qu'il y ait un tempérament particulier à nos amis, le fait est hors de doute : ce qui ne veut pas dire qu'ils aient la pensée de se singulariser. Mais si l'on reconnaît que chaque individu a « son tempérament » on peut approuver le désir qui détermine plusieurs à se grouper, suivant des affinités personnelles, des similitudes de goût, de pensée, une manière d'être.

Et l'âme commune se manifeste encore dans ce tempérament collectif, dont nous voulons dégager les principaux aspects.

Se donner.

Vivre son christianisme, c'est introduire en soi — et l'y graver profondément — la préoccupation du prochain, et se mettre spontanément à sa disposition. Heureuse inclination que celle qui fait répondre, d'une manière affirmative, aux sollicitations de la Providence, et accomplir les tâches nécessaires au bien d'une âme, d'une œuvre ou d'un pays ! Quelle salutaire émulation se produit, quand on travaille ensemble aux vastes moissons du Père de famille.

Le chrétien s'entraîne à sortir de lui-même. Nous ajoutons : le sillonniste aime toutes les besognes qui se présentent à lui, même les plus banales et celles qui paraissent le moins intéressantes. Quand il le faut, on le voit, avec soin, balayer le local de son cercle d'études, et, avec précaution, mettre en ordre papiers et livres. Il ne lui viendra pas à l'esprit que ce geste puisse n'avoir qu'une valeur médiocre. Un autre, ce soir-là, fera, peut-être, une très belle conférence. Quel sera le plus grand et le plus méritoire de ces deux actes. Dieu seul le sait sans doute. L'acte le meilleur est celui qui contient le plus d'amour de Dieu.

Détachement.

Le nom de sillonniste signifie donc : détachement, c'est-à-dire abandon de nos commodités, de nos plaisirs et de nos vanités; oubli des titres, des richesses et de la position sociale; acceptation enfin, si l'occasion s'en présente, des plus humbles tâches.

Dévouement, humilité, abnégation; aimables et douces fleurs qui germent au plus profond du Sillon Catholique, parure de notre vie, parfum discret, attirance de l'âme commune !..

Initiatives.

La pratique attentive des vertus chrétiennes, l'exercice du dévouement et de l'humilité, l'émulation dans la réalisation d'une tâche et d'un apostolat où tous collaborent, à la mesure des ressources et des responsabilités et de la part d'autorité que Dieu a dévolues à chacun, un tel élan conduit à des initiatives fécondes.

La première de nos initiatives doit être de découvrir le plan de notre vie, le but vers lequel la Providence nous achemine, en un mot notre vocation personnelle. A mesure que le but se dessine et que nous apercevons la place à tenir et le rôle à remplir, une conscience plus nette se fait jour de nos aptitudes et de nos moyens d'action. Serai-je un apôtre dans le monde ? Est-ce là une des raisons de ma vie, un des aspects de ma vocation ? A l'œuvre !

Si nous en possédons l'aptitude naturelle, autrement dit le « tempérament », nous deviendrons des hommes d'action.

Chaque journée apporte ses indications et ses leçons avec ses meurtrissures et ses joies ; elle découvre à notre apostolat, des possibilités nouvelles de réalisation. Restons toujours comme à « l'affut » pour les saisir. Où cette pensée d'action nous mènera-t-ele ? Où Dieu voudra.

Un tempérament démocratique.

« Agir toujours et partout » pourrait être notre devise. Nous avons la légitime ambition de faire pénétrer, jusqu'au plus intime de l'âme populaire, l'influence du christianisme. Or, si nous voulons parler au peuple, il est nécessaire, tout d'abord, qu'il ne se défie pas de nous.

Trop longtemps, on a propagé ce bruit erroné que le catholicisme voulait le réduire en tutelle. Si l'Eglise enseigne leurs devoirs aux individus et aux peuples, elle prend un soin minutieux à ne pas toucher à la liberté qu'ils possèdent, d'organiser leur vie personnelle et leur vie sociale comme ils l'entendent.

Le peuple, qu'est-ce en vérité ? C'est nous tous, c'est la nation, c'est la France. Et ne pouvons-nous pas reconnaître, au peuple, la faculté de parler des droits de l'homme dans la cité temporelle s'il ne méconnaît pas les droits de Dieu ? Sans vouloir anticiper sur la suite de notre étude, nous dirons de nos amis, qu'ils possèdent un tempérament démocratique.

Varié d'aspects, le tempérament sillonniste constitue une aptitude particulière à adapter aux aspirations sociales contemporaines et au fait démocratique la pensée religieuse la plus pure, parce que puisée dans l'enseignement garanti par le magistère officiel de l'Eglise.

VIII

« ESPRIT D'APOSTOLAT »

Il ne nous reste que peu de choses à ajouter sur l'esprit d'apostolat : l'essentiel se trouve être dit.

Double force.

Le mot apostolat est suggestif : il signifie *envoi, mission.* Nos camarades, qui acceptent pleinement l'orientation sillonniste — avec la forte et féconde discipline intellectuelle, morale et religieuse qu'elle comporte — sont prêts à partir pour les pacifiques conquêtes auxquelles le Christ les convie.

Le chrétien — en principe — ne cesse pas d'être apôtre. Son attitude, qui laisse soupçonner sa vertu, est déjà un apostolat, parce qu'elle est un exemple.

Nos amis s'emploieront avec une particulière prédilection dans les patronages. Ils y seront à l'aise pour y cultiver, en les appliquant, les énergies surnaturelles que la grâce divine suscite dans leur âme.

Se mettre pleinement sous l'influence du catholicisme — le vivre et le comprendre — c'est introduire une double force dans sa vie : force d'expansion et d'attraction Nous sommes entraînés vers les âmes et, réciproquement, les âmes sont attirées vers nous.

Au patronage, notre influence religieuse ne risque pas d'être neutralisée, la besogne y est plus facile que dans nos milieux anticléricaux.

Semer toujours !

Mais il ne faudrait pas que cet apostolat particulier nous absorbe à l'exclusion de tout autre. Le cercle de la famille, de la profession, de la société attend et exige nos efforts. Dans le milieu social où l'apostolat est rude, la parole catholique doit se faire entendre.

Le sillonniste est un prédestiné de l'action. En prenant soin qu'elle ne soit pas prématurée, favorisons-la, dès qu'elle est possible. Chercher une âme où sa parole éveille un écho, gagner un camarade à son idéal, découvrir une sympathie à l'Eglise, semer, semer toujours, voilà la pensée du sillonniste. Sa vocation est belle.

IX

« TENDANCES SOCIALES »

En arrivant à cette partie de notre étude, il est possible que plusieurs s'arrêtent, pour formuler quelques réserves. Peut-être touchons-nous un point délicat, susceptible de produire des divergences entre nous et des personnes sympathiques à notre exposé jusqu'ici. Mais que l'on veuille bien attendre que nous ayons exposé, tout entière, notre pensée.

Enseignement social de l'Eglise.

L'influence que nous voulons posséder, dans nos milieux respectifs est double : elle est, à la fois, sociale et religieuse. Il ne suffirait pas de montrer l'exemple d'une vie résolument chrétienne, pour que celle-ci pénètre et conquière un milieu social déterminé. Le catholique ! Mais il sera pressé de questions et l'on doit bien supposer que la controverse ne restera pas, uniquement, sur le plan des objections religieuses. Il sera obligé de prendre position, au sein de discussions très diverses et, le plus souvent, on n'estimera et on n'appréciera ses principes religieux, qu'en raison des solutions qu'il propose — en s'inspirant de ceux-ci — aux problèmes économiques et sociaux.

D'ailleurs, les principes de justice et de charité, par exemple, ont des applications sociales aussi bien que des conséquences particulières dans la vie de chacun. Les papes, s'appuyant sur la doctrine catholique, ont été conduits jusqu'à énoncer des directions sociales précises. Entre autres faits qu'ils ont éclairés et fixés, citons-en trois caractéristiques : le juste salaire, la propriété intangible, la fonction directrice nécessaire.

Le catholique voit donc se déterminer l'attitude qu'il doit prendre, quand se posent les questions sociales.

Principes qui demeurent.

Mais l'organisation de la profession, de la cité et de la nation regarde — ajouterons-nous — celui qui est de la profession, qui vit dans la cité, qui doit être dans la nation, une unité agissante. Autrefois, l'association professionnelle se dénommait corporation ; aujourd'hui, elle comporte de notables différences, et se désigne sous le nom de syndicat. L'organisation a changé, les principes restent les mêmes : principes d'équité dans les rapports entre ouvriers et patrons, de respect mutuel, etc.

De même pour la nation. La substitution du suffrage universel ne peut rien changer, quant à l'obéissance due aux pouvoirs constitués « L'autorité vient de Dieu ».

Léon XIII dans son Encyclique *Diuturnum illud* a magistralement exposé ce grave point de doctrine « des modernes en grand nombre marchant sur les traces de ceux qui, au siècle dernier, se donnèrent le nom de philosophes, déclarent que toute puissance vient du peuple; qu'en conséquence, ceux qui exercent le pouvoir dans la société ne l'exercent pas comme leur autorité propre, mais comme une autorité à eux déléguée par le peuple et sous la condition qu'elle puisse être révoquée par la volonté du peuple de qui ils la tiennent. Tout contraire est le sentiment des catholiques qui font dériver le droit de commander de Dieu, comme de son principe naturel et nécessaire...

« Il importe de le remarquer ici: ceux qui président au gouvernement de la chose publique peuvent bien, en certains cas, être élus par la volonté et le jugement de la multitude, sans répugnance ni opposition avec la doctrine catholique. Mais si ce choix désigne le gouvernant, il ne lui confère pas l'autorité de gouverner, il ne délègue pas le pouvoir, il désigne la personne qui en sera investie. »

En les distinguant, nous aimons à considérer successivement, les idées sociales et les idées politiques. Ne faudrait-il voir, dans la vie de l'homme, que l'élément professionnel, alors que la société attend encore de lui, un acte de citoyen? Il se produit, nécessairement action réciproque entre les idées sociales et les idées politiques; elles influent les unes sur les autres. Il est difficile de les séparer et de les isoler.

Sans préconiser aucune action électorale qui se rattacherait au Sillon Catholique, nous voulons montrer que le catholique peut et doit s'adapter au « contingent » pour produire la rencontre de celui-ci avec le « permanent », et faire passer l'influence du christianisme dans le milieu où il vit et où il agit

Il existe nombre d'idées que l'on peut admettre ou repousser. Le champ est libre : l'Eglise nous l'abandonne. Mais il n'est pas indifférent que nous fassions notre choix. Dans le domaine des faits sociaux et politiques, comme dans tous les autres domaines, il est bien difficile de rester « neutre ». On sollicitera, on exigera même notre avis. Formons-nous donc des opinions sérieuses.

Il importe, enfin, qu'on ne croit pas qu'il n'existe, en fait qu'un état politique qui soit compatible avec l'Eglise. Il est plus d'un régime dont elle s'accommode: la démocratie est du nombre.

« Le mouvement démocratique et social, lancé dans le monde par la Révolution, est sans aucun doute le plus grand fait des temps modernes, celui qui aura pour l'Eglise et pour les sociétés d'incalculables conséquences. Restera-t-il comme il le fut à l'origine, et comme il l'est encore actuellement, hostile à l'Eglise, essentiellement laïque, presque athée et vassal de la franc-maçonnerie ? Ou bien l'Eglise le pénètrera-t-elle de sa divine influence pour le purifier et l'ordonner définitivement au bien de tous ? Ce qu'elle a fait pour les barbares, elle le fera pour la démocratie et pour le socialisme, nous en avons la certitude. »

Si nous reproduisons cette citation que nous empruntons à un article récent de la *Revue pratique d'Apologétique* (15 février 1917) à propos de l'amendement Sixte-Quenin, c'est parce qu'elle justifie l'effort sillonniste sur le terrain social et civique, qui tend précisément à *christianiser la démocratie*, fidèle en cela à la devise *instaurare omnia in Christo*, « instaurer et restaurer la cité sur ses fondements naturels et divins à la lumière des principes dont l'Eglise est la gardienne et l'éducatrice ».

Nous sommes donc naturellement amenés à exposer nos points de vue sur ce sujet délicat et épineux, qui divise les esprits et suscite parfois les plus âpres conflits.

X

L'IDÉE DÉMOCRATIQUE

Nous parlerons de l'idée démocratique avec sérénité et impartialité. Trop de personnes manquent de mesure à son égard, soit qu'ils la combattent, soit qu'ils la défendent.

Responsabilité.

Distinguons, immédiatement, de la démocratie, le suffrage universel. L'un n'est pas synonyme de l'autre. Dégagée des superfétations qui l'alourdissent et la déforment : — autonomie de l'individu — égalitarisme — nombre source du droit— nous lui donnerons ce soustitre qui la précise et la légitime : idée de responsabilité.

La formule sera donc la suivante : La démocratie est le régime qui développe le sens et appelle l'éducation des responsabilités parmi le peuple.

Il s'en dégage, aussitôt, des conséquences intéressantes.

Le sentiment de nos responsabilités enveloppe notre vie d'un cercle que l'âge, la croissance intellectuelle et morale élargissent. A l'enfant, déjà, on fait entrevoir l'avenir qu'il porte en lui, et dont il est responsable. Au jeune homme, on révèle les magnifiques énergies physiques, intellectuelles, morales et surnaturelles qu'il doit apprendre à développer et à utiliser.

C'est alors qu'on lui précise ses responsabilités prochaines de père de famille, puis ses responsabilités professionnelles, syndicales, enfin celles qui lui viennent de sa qualité de citoyen.

On voit facilement la page intéressante que l'on pourrait écrire, sur un pareil sujet. Responsabilité et solidarité, ces deux thèmes nous entraîneraient à tracer un tableau complet de nos obligations sociales et politiques Essayons, du moins, d'en crayonner une rapide esquisse.

Dans la profession.

Le geste du travailleur dépasse l'usine et se répercute longuement. La société lui fournit les éléments de son travail, mais elle en attend le produit. Aussi, la fin dernière du travail ne permet-elle pas que l'on dise que le salaire, à lui seul, le justifie. Au-dessus du salaire, il y a l'utilité générale, la destination.

Il existe un lien entre les membres de la communauté

sociale, mais encore, et d'une manière plus tangible, entre les membres du corps de métier ; une série d'attaches retiennent ceux-ci les uns aux autres : le *salaire* aux graves fluctuations quand le travail est mis au rabais ; *l'occupation professionnelle* proprement dite, qu' façonne les esprits d'une manière identique ; le *sentiment inné* de la solidarité humaine qui se perfectionne dans l'exercice de la charité chrétienne, et qui se constate d'autant plus, que la communauté de vie est plus étroite et repose plus solide sur l'union des esprits dans l'adhésion aux mêmes principes de conduite, sur l'union des volontés dans la morale, sur l'union des cœurs dans l'amour de Dieu et de son Fils, Jésus-Christ, source de toute Justice.

Les travailleurs, rassemblés par le métier, n'ont qu'un pas à franchir pour atteindre au syndicat. Ce groupement n'est pas seulement caractérisé par sa fonction économique et la somme des intérêts matériels qu'il représente. Appuyé sur la base du travail professionnel, il assemble les hommes trop étroitement, pour qu'il ne soit pas aussi un groupement social, où apparaissent, à certaines heures, les manifestations de leur vie morale.

N'est-ce pas, en partie, à cause de ce fait, que le Saint-Père Pie X a recommandé la constitution de syndicats entre catholiques.

Bref, considérons un homme, soucieux des responsabilités qui s'attachent à l'exercice de son métier, à l'action de son groupement syndical, et nous constaterons qu'il est une valeur dans l'ordre social. Le jeu des diverses aptitudes, l'action combinée des diverses associations assurent le progrès. Artistes, savants, sociologues, moralistes, théologiens — groupements qui sont autant d'artères où se perçoivent les pulsations de la vie d'un pays. Son génie et sa vitalité y lancent un sang généreux qui entretient ses activités nombreuses.

Le syndicat produit un exemple-type d'activité sociale, par le triple mobile qui le détermine : *intérêt matériel* — salaire, etc.. ; *intérêt moral* — solidarité, fraternité ; *intérêt social* — utilité générale voulue et satisfaite.

Hiérarchie des devoirs.

Qu'il y aurait à dire sur les répercussions de nos activités et de nos vies ! La pensée qui pourrait résumer l'état d'esprit de l'homme-social est celle-ci : « Je n'oublierai pas mes compagnons de vie — les proches comme les éloignés. Je ne penserai pas seulement à ma pesonne, à ma famille, à ma profession, à ma patrie même. A un instant précis de l'existence du monde, je l'occupe en même temps que beaucoup d'autres. Le sens humain, le sens social, le sens chrétien, me font reconnaître les intérêts généraux qui se partagent l'humanité. A moi, de savoir hiérarchiser mes devoirs, en prenant conscience de mes responsabilités. »

Par le jeu des actions professionnelles, le bien social résulte, mais le travailleur comme le syndiqué n'exercent qu'une action de répercussion sur la vie politique et nationale ; le citoyen exprime, lui, des aspirations qui peuvent passer immédiatement dans les lois, par le canal de la députation parlementaire.

Actuellement, le syndicat manifeste ses vœux et ses revendications au Parlement, mais le syndiqué, en tant que citoyen, contrôle et influence le vote de son député.

Pensée nationale.

Voici donc une nouvelle responsabilité : la responsabilité politique. Serait-il logique et souhaitable que l'homme, épris de ses diverses responsabilités, s'arrête au seuil de la politique ? S'il aime son pays, il veut son bien, et, pour sa part, il entend le réaliser, même sur le terrain civique, qui est une dépendance du domaine social — mais, qui est aussi le terrain proprement dit de la nation, celui où agissent les rouages de gouvernement, les institutions caractéristiques d'un pays.

Le suffrage universel tient une place nécessaire dans l'organisation démocratique. Ajoutons que, considéré d'un regard désintéressé et d'un point de vue philosophique et même — n'ayons pas crainte de le dire — d'un

point de vue chrétien, le suffrage universel n'est pas —
ce que prétendent ses adversaires irréductibles : la tota-
lisation des incompétences et la tyrannie du nombre.

Dans un gouvernement, dans un parlement, dans un
pays, des idées se fixent, des principes demeurent, des
traditions se continuent qui assurent la stabilité nationale, malgré les perturbations et les crises. Les suffrages
du peuple, au surplus, ne se portent pas *inévitablement*
sur les moins capables.

Mais il est de fait, les calculs l'ont trop bien montré,
que notre mode de computation électorale donne le
triomphe à des partis, à qui il suffit de la majorité d'une
voix pour que les affaires du pays lui soient confiées et
trop souvent la corruption et la fraude enlèvent au suffrage et sa liberté et sa sincérité.

Il arrive ainsi qu'au lieu de donner à nos lois cette
orientation vers le bien commun qui en assure la justice et la valeur, nos législateurs, issus du suffrage populaire, ainsi profondément vicié, font trop souvent de leurs
lois des mesures de représailles ou des actes de secta-
risme.

L'organisation républicaine actuelle est loin encore
d'être un modèle achevé du genre et il appartient à tous
ceux qui ont au cœur le souci de l'intérêt général du
pays et du salut public de travailler, avec une énergie
inlassable sur le terrain constitutionnel, à corriger ces
graves déviations de l'idée démocratique tant et si bien
que « chacun se sente maître de quelque chose, d'un
bien de l'âme et d'un bien matériel » (1).

La démocratie, qui implique la responsabilité des com-
mettants et du « mandaté », réclame un échange constant
d'idées entre électeurs et élus, un contact qui permette
au député, d'une part, de s'inspirer de la pensée réelle
et calmement exprimée de ses électeurs, et qui assure,
d'autre part, à ceux-ci, la possibilité de suivre plus en
détails l'action de leur député, et de mieux comprendre
l'activité parlementaire.

____

(1) Le manifeste récent des publicistes chrétiens.

Faut-il ajouter que la démocratie politique exige une constitution électorale qui produise une représentation, aussi exacte que possible, de la pensée nationale.

Précisions.

Du mot démocratie, on retient habituellement le sens étymologique. : gouvernement du peuple par le peuple. Mais que sont les mots par rapport aux réalités ? Le plus souvent, de pâles et insuffisantes expressions, de simples points d'appui pour de vastes synthèses. Fréquemment la passion en altère et en obscurcit le sens. Gardons les mots, mais expliquons-les, vidons-les de leurs éléments déformateurs.

Le sens qui s'attache au mot démocratie, d'après nous, est le suivant : La démocratie est le régime qui donne, à chacun, une part active dans la vie sociale et politique. Elle stimule les énergies, en conduisant chacun à faire l'éducation de ses responsabilités et à prendre conscience de l'intérêt général.

La démocratie, se présentant sous cet aspect, mérite l'hommage courtois de ses adversaires. Elle ne menace pas l'ordre public, elle postule, au contraire, d'existence de vertus, elle oblige à la culture des valeurs sociales, elle impose un effort d'éducation, elle appelle le concours des lumières et des énergies surnaturelles dont l'Eglise catholique est la dépositaire. Aussi la vraie démocratie sera catholique ou ne sera pas.

Quant aux démocrates sincères et désintéressés, ils salueront cette définition qui ajoute un intéressant relief à l'idée démocratique, et l'enrichit, en en dégageant le contenu moral, trop souvent méconnu.

Nous n'entendons pas faire un exposé complet du système démocratique, ce n'était pas notre dessein. Nous avouerons même, que nous nous défions des systèmes rigoureusement logiques et trop parfaits, dans leur exposé doctrinal, parce que rien que théoriques. Restons dans la réalité.

S'il est vrai que l'idée démocratique ne soit pas une

pure abstraction — et qui oserait le soutenir aujourd'hui, avec quelque chance de succès ; s'il est légitime de l'étudier au même titre que l'idée monarchique ; s'il est raisonnable de lui réserver ses préférences — comme on peut le faire à une conception intéressante et bonne en soi, surtout étant accordée avec la doctrine catholique ; pourquoi n'essayerions-nous pas — jeunes catholiques de France — de contribuer à cette œuvre si importante et si belle de l'éducation de la responsabilité et de la liberté de nos concitoyens.

XI

ÉLITE SOCIALE. — ÉLITE DÉMOCRATIQUE

On reproche souvent à la démocratie d'exiger trop d'idéalisme, et par cela même, d'être de réalisation difficile — disons le mot — impossible. On se rallie à une solution qui oblige à moins d'efforts, et qui semble tenir un compte plus exact des réalités et des nécessités pratiques.

Par bonté d'âme, il se peut qu'on hésite à nous appliquer les épithètes, un peu rudes, d' « idéologues » et d' « utopistes ». Mais on se plaira à dire que nous sommes des rêveurs et des poètes.

L'idée démocratique et ses déductions ! Cela n'est pas dépourvu d'intérêt, c'est même joli. L'amour du bien général ! Chose magnifique. Mais n'est-ce pas se griser et vivre dans la société idéale, à la façon dont on contemple le ciel, à la fin des après-midis d'été. Le soleil fait vibrer la terre ardente sous ses touches hardies. Il la colore, il la nuance, il l'embrase, et cette gamme immense se combine en une puissante et triomphante harmonie, que répercute et amplifie la majesté du ciel, où jouent des formes grandioses. Mais les rayons déclinent, l'astre s'éteint et les décors du ciel tombent ; la nature a repris ses proportions ; la réalité nous entoure et le rêve est fini.

Les hommes conscients, responsables ; l'intérêt géné-

ral défendu, assuré ; les compétences à leur place ; la
fraternité régnant et l'ordre. Magnifique tableau que
porte notre esprit, éphémère vision, admirable couché de
soleil. Des artistes peuvent s'y complaire, mais non pas
des hommes d'action.

Nous regretterions vraiment qu'on nous fît tant d'honneur. Nous ne nous éloignons, quelquefois, de l'immédiate et matérielle réalité, que pour contempler, avec
toute la foi de notre âme, l'idéale figure de notre Maître
Jésus-Christ.

Après, la réalité est moins terne et la tâche moins
lourde.

Il ne s'agit pas de construire une société idéale, mais,
partant de la société présente, d'en modifier l'esprit et
la structure, en fonction d'un idéal qui mette, en pleine
lumière, quelques données précises que nous allons continuer d'exposer.

Groupement d'intérêt général.

Notre pensée n'est pas de vouloir rendre tous les membres de la communauté sociale également conscients de
leurs devoirs, également responsables, et la fraternité ne
va pas planer, tout à coup, sous un ciel sans nuage, dans
l'âge d'or de la civilisation.

Mais nous croyons possible qu'au-dessus des faiblesses,
des défaillances et des lâchetés dont l'humanité, hélas !
s'attriste toujours, les puissances du bien dominent.
Pourquoi l'intérêt général serait-il *inéluctablement* sacri-
fié en démocratie ? Quel est le régime qui n'a pas eu ses
crises, ses dissensions, l'ordre se rétablissant ensuite,
avec la vie normale recouvrée et la bonne santé nationale
rétablie.

Dans l'organisation démocratique, un organisme s'impose pour la sauvegarde de l'intérêt général.

« Le peuple se gouvernant lui-même et faisant les
lois par l'entremise des députés devenus ses serviteurs
— (certains sous-entendent : domestiques) — ». Voilà
— pour nous — un énoncé incompréhensible. Le moins

qu'on puisse en dire, c'est qu'il est antisocial, et antidémocratique par conséquent.

L'organisme — ou plus simplement — le groupement
dont il s'agit, nous l'appelons : *Elite.*

Semeuse d'idées.

Nous aimons à traiter de la fonction de l'élite, car cette
fonction est d'une importance décisive.

Personne n'en doute plus, les idées entraînent le
monde. Or, l'élite est la semeuse des idées nécessaires,
c'est à elle qu'il revient de maintenir le niveau intellectuel et moral d'une démocratie.

Notre société a vécu d'idées discutables, mais d'idées
qui se sont enracinées. Prenons-en deux assez différentes,
à titre d'exemples. D'abord, celle-ci : qu'un parti — le
parti socialiste, — était le seul porte-parole autorisé de la
classe ouvrière, de telle manière que l'étiquette socialiste faisait d'un avocat ou d'un médecin un candidat
« ouvrier ». Autre association d'idées : Le catholicisme
serait incompatible avec la forme moderne des constitu-
tions politiques et l'esprit de la démocratie.

On a inclus, dans la démocratie, un postulat antireli-
gieux, et, dans la religion, un postulat antidémocratique :
toute rencontre devenait impossible. Mais si nous suppri-
mons le principe arbitrairement introduit, nous nous
mettons en marche vers l'accord que souhaitent les esprits sages et impartiaux.

Ne croyons pas que soit chose négligeable la diffusion
de certaines idées, d'un petit nombre d'idées, que tous
puissent recevoir, exprimant ce qu'un peuple doit savoir et pratiquer. Par exemple, celles-ci : que chacun doit
penser à tous, que la réforme de la société dépend étroitement de la réforme de ses membres, etc.

Idées que l'on reprendra sous toutes les formes et que
l'on affermira grâce aux leçons de l'expérience. Formules
fortement exprimées par un burin énergique, elles seront
comprises de tous, mais les philosophes, les moralistes et
les théologiens aimeront à les reprendre et à travailler

sur les données fondamentales qu'elles constituent, car elles expriment les rapports nécessaires de la vie sociale et nationale.

Vivre les idées.

Nous ne nous berçons pas de cette illusion qu'il suffit de jeter les idées, comme le paysan jette son grain, pour les voir germer aussitôt. L'esprit et le cœur de l'homme sont souvent terre rebelle aux semences fécondes.

Les idées attendent d'être reçues par un groupe qui se propose de les vivre. Agissant par quelques-uns, elles deviendront conquérantes.

Dès lors, le problème démocratique se pose, de lui-même, sur son véritable terrain.

Etant donné le caractère de la démocratie, le sens des responsabilités qu'elle implique, les vertus qu'elle exige, l'intérêt général qu'elle doit sauvegarder, constituer l'élite qui remplira sérieusement, exactement ses diverses fonctions, et qui entraînera la nation à sa suite.

Une hypothèse.

Les fonctions de l'élite ? Expliquons-nous.

Au cours de notre étude sur la démocratie, nous avons eu soin de rester en contact le plus possible avec les réalités. Nous avons moins développé une doctrine, qu'exposer des faits. Pour démontrer l'action de l'élite, prenons encore quelques cas concrets ou, si l'on préfère, une hypothèse vraisemblable.

Grâce au *Sillon Catholique*, divers jeunes gens ont acquis une « formation sérieuse ». Ils sont instruits des « grandes questions ». Ils possèdent un ensemble suffisant de principes pour informer la matière économique, sociale et politique. Ils ont une claire-vue du rôle de l'Eglise dans la société. Ils savent exposer leurs idées et ils ont le goût de l'action. Ils sont possédés du désir de travailler au bien social. Enfin, ils ont au cœur l'essentiel : l'amour de Dieu.

Situons trois de ces jeunes gens, au sein de milieux

sociaux différents : campagne, ville de province, centre industriel. Supposons que le premier est cultivateur ; le second, commerçant ou employé, à moins que vous ne préfériez clerc d'officier ministériel ; le troisième, ouvrier.

Tous les trois, évidemment, poseront, dans les mêmes termes, les questions qu'ils auront à examiner et à solutionner. S'ils tiennent compte des intérêts particuliers, ils auront soin de laisser, à l'intérêt général, sa place. En cas de conflit entre les deux intérêts, ils n'hésiteront pas à faire prédominer celui qui est le plus important, c'est-à-dire l'intérêt général. Question fort délicate, mais que notre loyauté doit considérer, car elle est posée, chaque jour, par l'égoïsme des hommes. Et il importe — quel que soit le régime politique et social — que l'égoïsme ne tente pas de s'ériger en principe et qu'il n'ait jamais le dernier mot.

Ne sommes-nous pas obligés de gêner nos habitudes et de diminuer notre bien-être, dès que nous faisons acte de dévouement, et même, dès que nous accomplissons simplement notre devoir ? Il est vrai que les intérêts particuliers doivent tomber d'accord avec l'intérêt général, mais comme ils ne s'identifient pas nécessairement avec ce dernier, le choc est toujours à craindre. Mais notre optimisme chrétien veut briser l'obstacle et vaincre l'égoïsme.

Pourquoi nos trois camarades ne s'imposeraient-il pas à la masse, précisément, à cause de leur attachement au bien de tous, à cause de l'identification — réalisée par eux sous la souveraine influence du facteur religieux — de leur vie personnelle et de l'intérêt général. Regardons-les agir dans leurs milieux propres. Ils se rattachent, avons-nous dit, à la vie rurale, à une carrière libérale, à un milieu ouvrier.

Par les services qu'il a rendus, il n'est pas invraisemblable que le premier devienne personnage influent dans la commune, qu'il se voie décerner un mandat électif ; que, peut-être, il devienne maire. Le titre, auquel il ne vise pas, est une consécration et le moyen d'exercer une action plus étendue.

Le second s'occupe de questions politiques. Il gagne

de la notoriété par l'exemple de sa vie intègre, par l'harmonie qu'il réalise entre ses idées et ses actes. S'il influence des électeurs, s'il détermine des votes, pourquoi ne seraient-il pas choisi à son tour, comme un des plus capables et un des plus dignes, et pourquoi ne deviendrait-il pas député ?

Quant au troisième, il acquiert également une situation morale sérieuse. On l'écoute au syndicat, il en devient un dirigeant.

Mais développons cette hypothèse, car ces trois unités peuvent être, aussi bien, trois catégories d'unités agissantes. S'il en est ainsi, n'est-il pas certain que des modifications profondes vont survenir, dans les manières de penser et d'agir de la nation. Au règne de l'égoïsme va se substituer progressivement celui du bien public.

Et si l'on crie : A l'utopie! Nous affirmerons le robuste optimisme que nous appuyons sur notre foi religieuse. Les forces morales, indispensables à une telle œuvre, ne sommeillent pas seulement dans le subconscient de l'âme humaine. Elles existent abondantes, et sans cesse renouvelées, dans le catholicisme. Celui-ci est le facteur dont on n'a pas fait suffisamment état, jusqu'ici, dans les élaborations démocratiques. Et nous savons bien qu'il n'y a pas de vraie civilisation morale sans vraie religion : c'est une vérité démontrée, c'est un fait d'histoire.

L'Elite en action.

L'élite constituera un ferment partout répandu, dans la masse. Elle ne sera pas seulement formée des individualités, capables d'occuper les hautes fonctions et les postes de chef. Elle s'étendra jusqu'aux plus humbles unités, jusqu'aux plus modestes camarades, dont le rayon d'action, tout restreint qu'il soit, n'en compte pas moins dans le travail général.

Voici l'élite en action, semant et fixant les idées nécessaires. Au sommet, elle apparaît par exemple en la personne d'un secrétaire de groupement professionnel d'un représentant d'une fédération de syndicats, d'un professeur de faculté, d'un député, d'un ministre ; à la base, dans le professionnel et le citoyen, soucieux de l'intérêt général de la corporation comme de celui de la société tout entière.

Même dans un état démocratique dont la constitution sera sérieusement établie et dont les mœurs publiques seront bien assises, il existera — et qui, jamais, a prétendu le contraire ? — des indifférents, des inconscients, des égoïstes et des tarés.. On y trouvera aussi nombre d'honnêtes gens qui n'aspirent qu'à bien s'acquitter de leurs devoirs immédiats, familiaux et professionnels et qui, pour le surplus, s'en rapportent à d'autres. Ils ne désirent que rencontrer le camarade obligeant, la personne compétente qui leur donnera un conseil judicieux, un avis autorisé, relativement aux questions d'intérêt général.

Dans la pensée de se créer une opinion sur un fait social ou un problème politique, ils iront causer avec ce camarade. Ils iront le trouver également, avant d'émettre un vote, ils lui demanderont son opinion personnelle sur le programme et les titres des candidats. On le sait suffisamment instruit et scrupuleusement attaché à remplir ses devoirs professionnels, sociaux ou politiques. Il est devenu un exemple et un conducteur d'hommes.

Certes, il existe la fonction nécessaire de ceux qui parlent, qui écrivent ; de ceux qui établissent et appliquent les lois. Mais il y a encore la fonction bien utile — elle aussi — des modestes, des ignorés qui soutiennent de leurs vertus et de leur influence, le développement et les progrès de la vie sociale et politique.

L'idéal démocratique, la conception de l'élite sont choses spécifiquement humaines. Mais quel souffle puissant, quel incomparable élan donnera le catholicisme à la démocratie, l'entraînant et l'éloignant des écueils qui la menacent; le catholicisme qui apporte, à la démocratie toutes les richesses de bonté, de dévouement et de désintéressement que la grâce divine dépose dans les âmes. Le chrétien est un serviteur de la société et un défenseur de l'intérêt général, car il est le disciple de Jésus-Christ et le serviteur de Dieu.

CONCLUSION

Nous voici parvenus au terme de notre étude. Notre intention en l'entreprenant était d'exposer dans ses grandes lignes l'orientation du Sillon Catholique, sa constitution intime, ses aspirations.

Nous espérons n'avoir rien omis d'essentiel et n'avoir rien exagéré. Aucune ombre ne doit atténuer sa physionomie, aucun voile ne doit recouvrir ses intentions. Il doit ressortir, sans la moindre équivoque, que le Sillon tholique se propose, *surtout, une œuvre de formation morale et religieuse.*

La *méthode de travail* reste à son rang d'auxiliaire, le *tempérament* n'est, en partie, qu'une constatation psychologique; quant aux *tendances sociales* et à l'*idée démocratique,* elles sont une possibilité nouvelle d'étendre notre apostolat.

L'inspiration de notre mouvement reste essentiellement religieuse. On n'aurait pas le droit de lui accoler un autre qualificatif, à côté de celui de catholique.

Individuellement — sous notre responsabilité personnele — nous exprimerons, sans doute, des idées sociales et des préférences démocratiques. Mais, en tant que groupement, nous sommes et nous resterons, mouvement catholique.

Le travail de nos cercles est pénétré de cette pensée : *Vivre, comprendre le catholicisme.* Notre action est *l'apostolat* qui doit procurer la gloire de Dieu, le bien des hommes, au milieu desquels notre vie se déroule, et l'utilité de la société.

L'*âme commune,* à elle seule, suffirait à caractériser le Sillon Catholique ; car, pour nous, le mot âme appelle le nom de Dieu.

Ceux qui approchent « notre Sillon » rendent témoignage du bien religieux qu'il accomplit, de la préparation et de l'adaptation qu'il réalise de l'activité de nos camarades à leur tâche future d'homme et de chrétien.

L'avenir montrera ce qu'est son exacte valeur. Mais les sympathies qu'il rencontre lui apportent, dès maintenant, un gage de succès.

Robert PIGELET.

APPENDICE

Par le Cercle d'Etudes

Ces lignes, parues dans l'Aube Nouvelle du mois d'avril 1913, sous la signature de M. l'abbé Schmitt, dégagent l'opportunité de l'œuvre sillonniste. Elles trouvent, ici, leur place.

D'un mot l'Œuvre spécifique du *Sillon catholique* peut se définir : *une Œuvre d'éducation populaire sous la direction de la hiérarchie sacrée.* Ni la famille, ni l'école ne saurait suffire à faire l'éducation complète et harmonique de la jeunesse ; la nécessité inéluctable de gagner le pain quotidien, arrache prématurément à l'une et à l'autre l'adolescent parvenu à ce point de son développement critique et souvent décisif, où il s'agit d'aiguiller sûrement l'orientation du lendemain et où il devient urgent de creuser au courant torrentueux de sa vie dans son premier essor impétueux un lit profond de bonnes et solides habitudes.

Comment, en effet, la famille et l'école pourraient-elles seules assumer la charge de conduire leur pupille jusqu'à la plénitude de sa virilité ? jusqu'au complet épanouissement de l'être physique, intellectuel, *moral, religieux ?* jusqu'à la formation solide du travailleur dans sa profession, doublé du citoyen, solidaire du corps social auquel il appartient ?

Or c'est à continuer, à compléter, à affermir et parfois à corriger l'action combinée de la famille et de l'école que s'emploie le Cercle d'études. En assumant une tâche aussi haute, et aussi grave, le Cercle d'études a le souci constant de n'isoler aucun des aspects de l'éducation et de développer le jeune homme à la mesure de ses aptitudes dans toutes les directions de son activité ultérieure d'homme fait et proportionnellement à la portée de chacune d'elles.

La conception que le *Sillon catholique* se fait de cette éducation par le Cercle d'études est la suivante : initier progressivement, préparer au jour le jour le jeune ouvrier catholique français à la vie, non conçue dans l'abstrait, mais telle que vécue en l'an de grâce 1913, 1914, etc. ; à la vie, telle que la lui ont créée ou telle que la lui créeront les circonstances de temps et de milieu au sein desquels se déroulera le fil de ses jours.

Cet enfant du peuple entre dans la vie à un moment de l'histoire de son pays où s'accentue la défaveur des masses populaires pour les régimes périmés et où s'accélère la marche évolutive des nations vers une organisation sociale et civique à base démocratique. Bon gré mal gré, il est contraint de prendre position dans un milieu social, saturé d'esprit *laïc* (ce que chacun traduit aujourd'hui par indifférence complète, sinon hostilité ouverte vis-à-vis de toute foi religieuse) ; il se heurte de toutes parts à la plus effroyable mêlée des opinions et des courants d'idées sur des questions de la plus haute gravité ; qu'il suffise de nommer celles de l'école, du salariat, des rapports du capital et du travail, du libéralisme économique, de la séparation de l'Eglise et de l'Etat, de la *laïcité* officielle, etc., etc...

Voici donc une âme neuve et sans défiance, un terrain meuble où les principes directifs du catholicisme n'ont pu plonger encore bien avant leurs racines, une âme candide, jetée en proie à l'universel mensonge, à tous les sophismes qui circulent à travers une presse effrayamment productive et qui ne présente les idées et les faits que sous une face, celle par où l'auteur se joue aisément de la crédulité ou de l'irréflexion du lecteur. Quoi de plus nécessaire dès lors que d'apprendre au jeune homme à faire le tour complet d'une question, à corriger et à compléter les points de vue les uns par les autres, à se défier de vues courtes et partielles ? Quoi de plus utile pour former un jugement droit et ferme que de le mettre en garde contre les entraînements de la sensibilité, les écarts de l'imagination, l'esprit de système et de parti-pris qui rétrécissent étrangement l'horizon intellectuel ? Quoi de plus important que de former une conscience, éprise de clarté, de franchise, de loyauté et qui, au spectacle d'une misère imméritée, d'une exploitation sournoise et odieuse de l'enfant, de la femme, de l'être fragile et désarmé, éprouve un violent sursaut d'indignation et de révolte ? Quoi de plus indispensable que d'entourer ce cœur où commencent de s'agiter les premières vagues de la passion d'une triple cuirasse d'amitié saine et forte qui le prémunisse contre les assauts formidables que les provocations hardies de la rue, de l'atelier, du bureau, des spectacles suspects feront essuyer à la dignité et à la pureté de ses mœurs ?

Mais aboutir à former au sein d'une société pervertie un homme sain, juste, de mœurs pures, cela suffira-t-il? Non, certes. Catholiques, nous possédons des énergies supérieures qu'il serait coupable de laisser inemployées ; nous avons un Maître, « l'unique », le Christ, et ce serait Le blasphémer que de prétendre réaliser en dehors de Lui une humanité meilleure. Aussi le Cercle d'études du *Sillon catholique* réclame-t-il impérieusement que le Christ lui soit enseigné dans toute sa splendeur et toute l'austérité de sa doctrine ; car c'est Lui, l'exemplaire achevé de toute éducation ; l'auteur de toute grâce, de tout progrès ; le Maître qu'il faut confesser et suivre dans le secret comme au grand jour et qui ne marquera jamais du sceau glorieux de son Evangile des vies veules, médiocres et quelconques ; l'Ami incomparable de tous les instants dont l'appui nous rend chastes, forts et capables, au besoin, d'héroïsme. Et voilà pourquoi le Christ et son ministre occupent une place centrale et première au cœur de ce foyer sillonniste d'Education populaire.

A l'apprenti, au jeune ouvrier, baigné dans cette atmosphère chrétienne, nous disons et répétons : il y va de l'honneur du travailleur dans une démocratie véritable d'acquérir dans sa partie le maximum d'intelligence, de souplesse et d'adresse ; de fournir un produit aussi fin que possible, de réagir de toute son énergie contre des errements déplorables, tels que le sabotage, le travail exécuté à la diable, sans joie et sans amour, et contre l'immoralité, née de l'alcoolisme et de la propagande de pratiques innommables, qui retirent toute virilité au jeune ouvrier ; c'est un devoir de fraternité humaine professionnelle et civique de prendre sa part de responsabilités dans les Œuvres de solidarité et de prévoyance ouvrières et de lutter, fût-ce au prix de coûteux sacrifices, en faveur de toute revendication légitime au nom de la justice.

A ce jeune Français des milieux populaires qui porte sur son front l'auréole de sa foi religieuse, nous disons : ce serait trahir ta confiance que de te laisser ignorer les croisements d'influences et les réalités méchantes qui l'enserreront et te brutaliseront si tu n'es préparé à les dominer et à échapper à l'emprise croissante des écoles et des ligues économiques ou politiques adverses ; si tu ne sais, le jour venu de la majorité prochaine, jeter ton suffrage éclairé dans la balance des facteurs d'influence qui déterminent l'orientation générale du pays. Ta place parce que catholique, pourvu d'énergies supérieures, est parmi l'élite des citoyens qui, en contact étroit et incessant avec la masse, oriente celle-ci dans le sens de l'intérêt supérieur de la justice, du droit et de la religion et la soulève au-dessus de ses aspirations bornées, de ses appétits grossiers, de ses satisfactions égoïstes.

Eclairé sur le jeu des actions et des réactions, qui tourmentent l'âme de la France contemporaine, tu as ta part de responsabilités dans les déviations et les reculs, qui sont le fait d'un manque de clairvoyance, d'erreurs de tactique ; tu dois tendre à devenir une « autorité » dans ton milieu propre, parce que réunissant le double prestige du savoir et de la vertu ; ni l'ostracisme des radicaux sectaires et des loges maçonniques, ni la tyrannie des Fédérations ouvrières, inspirées par la C. G. T., ni l'embourgeoisement des gens satisfaits, ni l'opposition bruyante et stérile de plusieurs ne doivent décourager ton civisme, intimement pénétré d'idéalisme et de foi religieuse.

Voilà esquissé dans ses grandes lignes le programme d'éducation intégrale et harmonique, entrepris par le Cercle d'études sillonniste catholique.

Abbé H. SCHMITT.

Un Encouragement. — Une Bénédiction

(Extrait de l'*Aube Nouvelle* N° d'Août-Septembre 1916.)

. . . .

Jusqu'à ce jour, à l'exception du Cercle d'Etudes Jeanne d'Arc qui avait un directeur ecclésiastique, directement délégué par l'Archevêque, les groupements sillonnistes catholiques travaillaient sous le contrôle immédiat d'un prêtre délégué par le Curé de la paroisse.

Il était naturel que les Cercles sillonnistes catholiques dispersés se cherchassent un lien de commune amitié, un centre de ralliement, un foyer où s'appuyer pour le maintien de l'unité et de l'intégrité de l'esprit sillonniste.

Ce besoin se satisfit dans des visites périodiques de cercle à cercle, dans des réunions trimestrielles sous forme de punch ou de soirée artistisque ou de banquet ou de petits congrès d'étude, dans des veillées communes à Montmartre ou des journées sillonnistes à Antony et depuis deux ans, chaque quinzaine, dans des conférences d'ascétisme religieux, instituées en vue de la formation plus complète d'une élite de sillonnistes.

Par ces manifestations collectives diverses, on pouvait se rendre compte que vivait et fructifiait cet esprit qui, dès le berceau du *Sillon*, stimulait continuellement et puissamment les sillonnistes à la pratique d'une vie chrétienne sérieuse. Les racines du vieil arbre sillonniste étaient encore vivaces ; la sève chrétienne circulait active dans les pousses nouvelles ; les fruits d'aujourd'hui promettaient la saveur et la solidité des fruits d'hier.

Mais cette extension du champ sillonniste parisien appelait une extension du contrôle ecclésiastique sur toute action collective qui débordait le cadre paroissial.

Je n'avais eu délégation que pour le Cercle Jeanne d'Arc. Je ne pouvais ni ne devais accepter d'exercer la délégation plus étendue qu'on sollicitait de moi, sans en référer à Son Eminence le cardinal archevêque de Paris.

C'est ce que je fis dans un mémoire daté du 12 juillet dernier où j'exposais à Son Eminence et tout ce que je savais de la vie et de la croissance des cercles sillonnistes catholiques paroissiaux, et la démarche faite auprès de moi, par leurs représentants les plus qualifiés, en faveur d'une action et d'une direction d'ensemble, chaque cercle gardant son autonomie et son activité propre, sous le contrôle immédiat du prêtre désigné à cette fin.

Mgr Amette daigna me répondre de sa propre main à la date du 15 juillet :

« J'ai lu avec intérêt et satisfaction, le compte-rendu que vous avez envoyé des efforts accomplis par les jeunes gens qui se groupent, autour de vous, sous le nom de sillonnistes catholiques pour se former à une vie chrétienne de plus en plus intense et devenir les auxiliaires dociles et dévoués du zèle sacerdotal.

« J'encourage et je bénis de tout cœur ces chers jeunes gens. Je vous prie de continuer à les suivre et à les diriger en mon nom et j'ai la confiance qu'ils formeront, Dieu aidant, une élite vraiment apostolique dont le concours nous sera précieux. »

Mes scrupules étaient levés. Un double point se trouve confirmé et consacré par l'Autorité. D'une part, sans déroger à la circulaire du mois d'août 1910, qui instituait des groupements sillonnistes paroissiaux, les sillonnistes catholiques sont autorisés à se grouper dans le diocèse pour une entente et une action communes.

. . . .

Notre archevêque a confiance en nos amis. Cette confiance je ne doute pas que nos amis n'aient à cœur de la justifier.

Quelles possibilités nouvelles d'action publique s'indiqueront demain ? Mystère ?

Ce que Son Eminence attend de nos amis dans l'avenir, c'est qu'ils fournissent l'appoint *« d'une élite vraiment apostolique, dont le concours soit précieux ».*

Je l'ai dit et redit. Mais il est de ces vérités d'expérience qu'il ne faut jamais se lasser de répéter, fût-ce jusqu'à l'importunité. C'est saint Paul qui nous y exhorte *« importunément ».*

Pour lancer quelque jeune homme que ce soit dans une entreprise à grande envergure, dans la fournaise des meetings populaires, dans l'action haletante des corps à corps de partis, dans les polémiques irritantes et énervantes, dans des batailles politiques, il faut lui avoir fait au préalable un tempérament résistant, une habitude de vie intérieure active, il faut avoir affermi en lui l'âme, la mystique de son action. Si l'action, en bandant les ressorts et en mettant en valeur et en fructification les richesses intimes, fait sortir de soi, intensifie et multiplie la vie, en revanche, elle expose terriblement celui qui s'y donne éperdûment, à une agitation qui enfièvre et débilite, à une exaltation d'orgueil, de présomption, à un personnalisme exclusif, à une griserie aveuglante qui ont déjà fait de trop nombreuses victimes.

Et voilà pourquoi nous n'avons de cesse que nos amis, naturellement impatients d'agir, soient intimement et pratiquement convaincus de l'importance capitale de la formation laborieuse et patiente du Cercle d'Etudes.

Car enfin, nous estimons n'avoir rien fait si nous n'avons forgé une âme solidement chrétienne, telle une médaille de bonne frappe, à la véritable et pure effigie du Christ, résistante à l'usure du temps et des frottements.

Ce sont les élites qui orientent les masses, gardent le flambeau allumé, maintiennent le ressort de l'action tendu, préparent les lendemains féconds,

Or ce qui fait l'élite, c'est la vertu, c'est l'équilibre de la santé morale.

C'est donc à une élite sillonniste en préparation que vont des encouragements bienveillants de notre archevêque; c'est sur elle que descend sa paternelle bénédiction, gage de succès.

C'est avec une reconnaissance profonde et une piété cordiale que nos amis recevront et cet encouragement et cette bénédiction.

Abbé H. SCHMITT.

TABLE DES MATIÈRES

Grande Imprimerie de Blois, place de l'Ave-Maria. — 8995.

L'AUBE NOUVELLE

PARAISSANT TOUS LES MOIS

Le numéro 0 fr. 15.   **Abonnement 2 francs.**

Écrire pour tout ce qui concerne :

LE SILLON CATHOLIQUE DE PARIS

et son organe

L'AUBE NOUVELLE

A Robert Pigelet

77, rue de Bagnolet — PARIS (XXe)

——— ❄ ———

L'AUBE NOUVELLE se propose d'apporter une aide — et elle offre son concours — à tous ceux dont l'attention est retenue par l'importante question de l'Éducation Populaire et par la formation morale, religieuse et sociale de la Jeunesse de nos œuvres.

L'AUBE NOUVELLE est l'interprète autorisée du **SILLON CATHOLIQUE DE PARIS**, elle en exprime la pensée, les tendances et le but. Mais elle serait heureuse que d'autres groupements et mouvements de **JEUNES** puissent puiser en elle quelques utiles suggestions.

Au surplus, tout en restant elle-même, elle entend ne pas s'isoler. La charité de Jésus-Christ domine de trop haut nos vues particulières et les humaines contingences pour que n'aient pas lieu d'utiles rencontres et l'occasion de s'encourager mutuellement.